ELIE KAKOU

Xavier Cucuel • Monsieur B

MADAME SARFATI

Albin Michel

Conception graphique : Luc Doligez
Mise en couleurs : Emmanuel Lepage

VOUS AVEZ VOTRE BILLET ?

ALORS, J'TE RACONTE LE TRUC ...
TU VAS COMPRENDRE ...
TU AS ENTENDU PARLER DE LA RÉDUCTION FAMILLE NOMBREUSE ?
EUH ... OUI... FORCÉMENT !!
ET TU PEUX ME RAPPELER À COMBIEN D'ENFANTS ON A LA RÉDUCTION ?
BEN... TROIS ... ENFIN JE CROIS
EH BIEN MOI C'EST PAS 3, NI 4, NI 6, NI 5, C'EST 12 ENFANTS QUE J'AI EUS, MOI.
TU VOIS LE TRUC ?
VOILÀÀÀÀ ! T'AS COMPRIS !
6 ET 6 OU 3 FOIS 4
ET SI JE FAIS 4 FOIS LES 30% DE RÉDUCTION ÇA FAIT ?
ÇA FAIIIIIT ?
C... 120
VOIIIIILÀ C'EST ÇA 120% DOOOONC ?
...
DONC TU ME DOIS DE L'ARGENT POUR LE BILLET !
ET JE NE TE COMPTE PAS LA VERMEIL HEIN !
PAF !
UN BILLET, UN BILLET. J'AI LA TÊTE À ROTHSCHILD OU QUOI ?
WHA ! HA HA HA !
?
OUI BON BEN ÇA VA, J'AI COMPRIS MAINTENANT QUAND LES AUTRES PARLAIENT DE BIZUTAGE DANS LE SARCELLES-BEAUVAIS ...

VOUS ÊTES JUIF ?

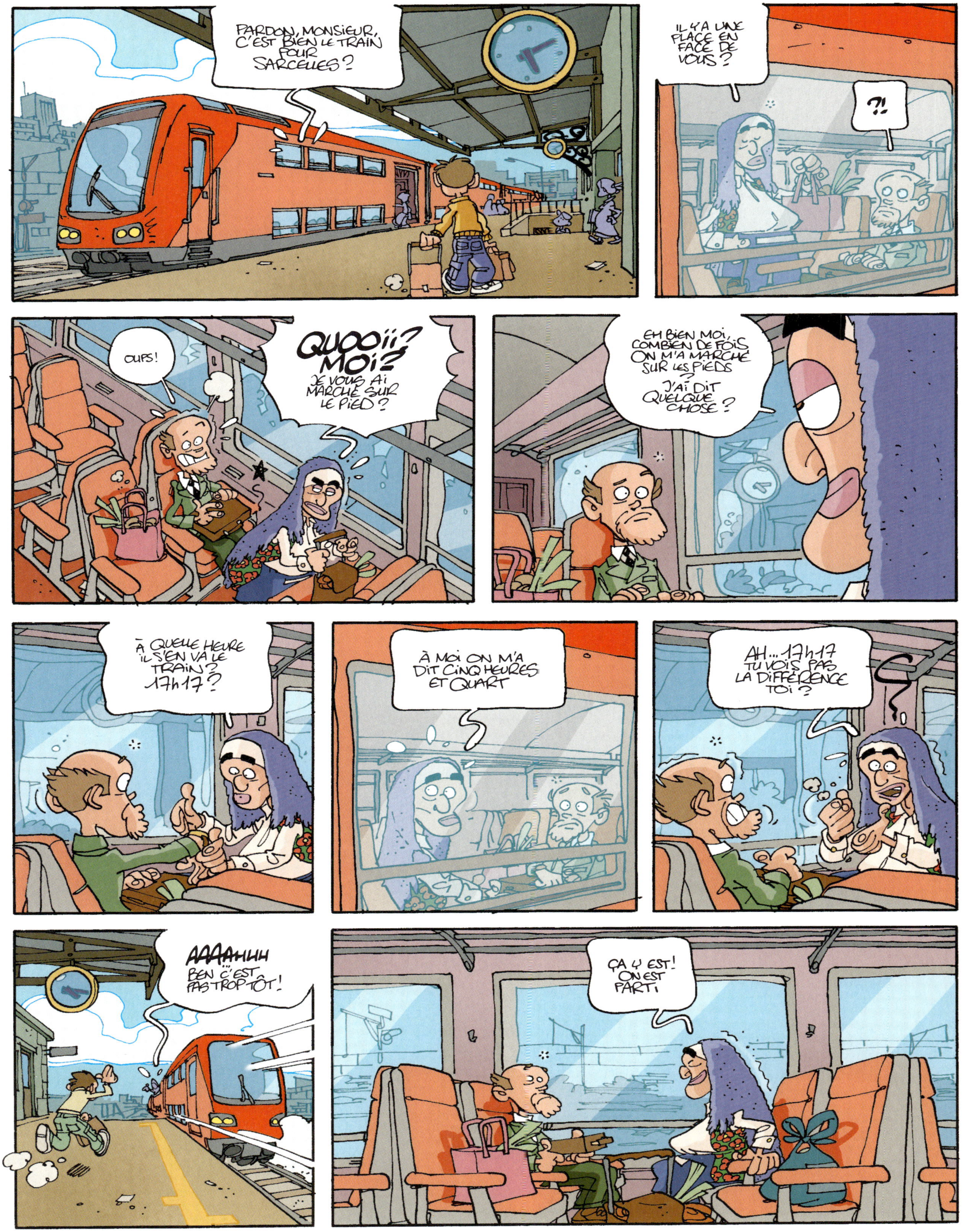

ÇA C'EST SÛR QU'ON EST PARTI, UNE MAIN DEVANT, UNE MAIN DERRIÈRE !
ON A TOUT LAISSÉ !
DITES-MOI, JE PEUX VOUS POSER UNE QUESTION ?
INDISCRÈTE ...
VOILÀ, JE VOUS REGARDE ET JE ME DIS ...
... VOUS ÊTES JUIF, N'EST-CE PAS ?
AH, VOUS N'ÊTES PAS JUIF ?
AH BON, JE CROYAIS !
NON, REMARQUEZ... IL EN FAUT AUSSI ! QUI C'EST QUI VA ACHETER AU DÉTAIL ?
VOUS ÊTES SÛR ?
SÛR DE QUOI, SÛR DE QUOI ...
PFFF !

EH BEN VOUS ÊTES JUIF ?
HUM ?
AH ? VOUS ÊTES BRETON ?
AH OUAIS, ALORS LÀ, OUAIS, OUAIS, C'EST ÇA !
PEUT-ÊTRE QUE VOUS ÊTES JUIF ET QUE VOUS NE LE SAVEZ MÊME PAS ...
PEUT-ÊTRE VOTRE PÈRE OU VOTRE GRAND-MÈRE ...
... OU VOS VOISINS ...
AH, VOUS ÊTES DÉSOLÉ ?
NON SOYEZ PAS DÉSOLÉ YATIKCHRED
DÉSOLÉ ? À MOI DÉSOLÉ ?
SARCELLES
À MOI VOUS POUVEZ ME LE DIRE, NON ?
...
BEN QUE VOUS ÊTES JUIF !
BEN POURQUOI VOUS VOUS ÉNERVEZ ?
QU'EST-CE QUE J'AI DIT ?
J'AI RIEN DIT !
EH BEN VOUS ÊTES PAS JUIF, VOUS ÊTES PAS JUIF, J'SUIS PAS RESPONSABLE, NON !
DE TOUTE FAÇON, ON Y EST, ON EST ARRIVÉ

REGARDEZ, LA MAISON DE TATA BAÏLA...
LA MAISON DE TATA ANINA ...
... LA MAISON DE MESRALAOUD!
ÇA Y EST, ON EST ARRIVÉ ...
ON VA S'QUITTER ...
ON VA PLUS SE VOIR ...
VOUS ALLEZ BIEN VOUS DÉBARRASSER DE MOI,
HEIN?
ALORS, J'VOUS DIS QU'ON VA S'QUITTER, ON VA PLUS S'VOIR. UNE P'TITE VIEILLE COMME MOI...
... À QUI J'VAIS L'RÉPÉTER, À QUI?
VOUS ÊTES JUIF, PAS VRAI?
AH BON? VOUS ÊTES JUIF?
VRAI?
GARE
EH BEN, ON DIRAIT PAS, HEIN?!

LES POIRES

ÉPICERIE
NON!
NON PLUS!
?!!
AH NON, MADAME SARFATI, ICI ON TOUCHE PAS LES FRUITS!
ÉPICER
EH, ATTENDEZ, JE VEUX VOIR S'ILS SONT MÛRS
AH NON, VOUS VOUS RENDEZ COMPTE SI TOUT LE MONDE FAIT COMME VOUS?
MAIS C'EST PAS TOUT L'MONDE, C'EST MOI!
TU ME CONNAIS ENFIN...

ÇA OUI, JE VOUS CONNAIS !
ET C'EST MOI QUI VOUS SERS !
EH BEN D'ACCORD, EH BEN SERVEZ-MOI...
VOIIIILÀ ! BIEN BELLES, BIEN GROSSES, BIEN JUTEUSES !
ET BIEN LOURDES AUSSI...
...ET BIEN CHÈRES !
TCHOC !
???
ZOU !
Bonnes poires

ÉPICERIE
PARDON MADAME VOUS VOUS RAPPELEZ DE MOI? J'VOULAIS ACHETER DES POIRES ...
VOUS M'AVEZ DIT: "NON, ICI ON CHOISIT PAS" REGARDEZ LES POIRES QUE VOUS M'AVEZ CHOISIES!
REGARDEZ, MAIS REGARDEZ! ELLES SONT TOUTES POURRITES!!
EH, OH, MOI J'SUIS PAS DANS LA POIRE!!
AH T'ES PAS DANS LA POIRE ... AH, T'ES PAS DANS LA POIRE?!
EH BEN MAINTENANT TU Y ES!
PLIC! PLOC!

ALLÔ ! LA POLICE ?

BONJOUR, MADAME SARFATI. VOUS ALLEZ BIEN ?
ET LA FAMILLE ?
?!
ET COMMENT TU VEUX QUE J'AILLE BIEN ?
TU AS VU MON MARI, TOI ?!
AH, NON... DÉSOLÉE !!
DÉSOLÉE, DÉSOLÉE... TOUT LE MONDE IL EST DÉSOLÉ...
TU AS VU L'HEURE, DIS ?
TU AS VU ?
EUH... OUI IL EST SIX HEURES ET DEMIE.
POUR ÇA JE LE SAIS QU'IL EST SIX HEURES ET DEMIE.
SIX HEURES ET DEMIE ET MON MARI N'EST TOUJOURS PAS RENTRÉ !!
CE N'EST PAS SI TARD. IL A PEUT-ÊTRE ÉTÉ RETENU.
OU ALORS IL EST ALLÉ FAIRE UNE COURSE...
OU ALORS, IL EST ALLÉ VOIR LES FILLES...
OU BOIRE UN COUP CHEZ BÉBERT...
Ou jouer aux jeux vidéo...
Ou encore faire du bicross...
PAS TARD, PAS TARD... D'HABITUDE IL RENTRE À SIX HEURES. TOUS LES JOURS QUE DIEU FAIT.
SIX HEURES.
PAS SIX HEURES ET QUART.
ET ENCORE MOINS SIX HEURES ET DEMIE !
ÉCOUTEZ, SI VOUS ÊTES INQUIÈTE APPELEZ SON TRAVAIL,
IL VA PEUT-ÊTRE...
...LA POLICE OUI !
C'EST LA POLICE QUE JE VAIS APPELER !

ALLÔÔÔ…
OUI… JE…
ALLÔÔÔÔÔ?!
OUI…
C'EST ÇA…
NON… JE NE QUITTE PAS!
NON, JE NE QUITTE PAS
NON…
JE…
NE…
NON! JE NE QUITTE PAS!!
AH… ENFIN! LA POLICE? OUI… C'EST MADAME SARFATI À L'APPAREIL…
LA POLICE? OUI… C'EST MADAME SARFATI À L'APPAREIL…
LA POLICE? OUI… C'EST MADAME SARFATI À L'APPAREIL…
VOUS VOYEZ HEIN? C'EST ÉNERVANT!!
ÇA FAIT UNE HEURE QUE J'ESSAIE DE VOUS APPELER.
POURQUOI J'APPELLE?
MAIS PARCE QUE JE SUIS TRÈS INQUIÈTE.
VOILÀ POURQUOI J'APPELLE!!

MON MARI A DISPARU ...
OUI, MON MARI, MONSIEUR SARFATI !
DISPARU ! ENVOLÉ ! ÉVAPORÉ ! DÉS-IN-TÉ-GRÉÉÉ !
MAIS BIEN SÛR DEPUIS LONGTEMPS. DEPUIS SIX HEURES QU'IL DEVRAIT ÊTRE À LA MAISON
SI C'EST PAS LONGTEMPS, ÇA !
J'AI VOULU APPELER LES HÔPITAUX MAIS J'AVAIS PAS LE NUMÉRO !
ALORS, JE LEUR DIS COMME ÇA : "VOUS L'AVEZ, VOUS, LE NUMÉRO DES HÔPITAUX ?"
ET LÀ ... TU SAIS CE QU'ELLE ME DEMANDE LA POLICE ?
SI JE SUIS BLONDE OU SI JE SUIS BRUNE ?
JE SUIS AU BORD DE L'INFRACTUS, JE SUIS FRISÉE COMME L'APOCALYPSIE ...
... ET IL ME DEMANDE SI JE SUIS BLONDE OU BRUNE ...
MAIS QU'EST-CE QUE ÇA PEUT VOUS FAIRE QUE JE SOIS BLONDE OU BRUNE ? JE LUI RÉPONDS ...
SI VOUS ÊTES BLONDE, IL A DÛ PARTIR AVEC UNE BRUNE
ET SI VOUS ÊTES BRUNE, IL A DÛ PARTIR AVEC UNE BLONDE ...
ET JE LE TROUVE COMMENT MAINTENANT MON M ...
DRRRIIING

AAAAH! ÇA Y EST! ILS ME L'ONT RETROUVÉ?
DRIIIING DRAIIIING!!
DRIIING DR...
NE QUITTEZ PAS!
ALLÔ! LA POLICE? ALORS, ÇA Y EST? VOUS L'AVEZ RETROUVÉ?
...
PARDON MADAME, C'EST RTL À L'APPAREIL! JE VOUS APPELLE AU SUJET DE LA VALISE...
LA VALISE? QUELLE VALISE?
NE QUITTEZ PAS!
MAIS QU'EST-CE QUE VOUS ME CHANTEZ LÀ?
NON, IL EST PAS PARTI AVEC LA VALISE...
AAAAH! LA VALISE DE LA RADIO?
VOUS ÊTES JEAN-PIERRE FOUCAULT?

C'EST JEAN-PIERRE FOUCAULT DE LA RADIO !
OUI, JEAN-PIERRE FOUCAULT MADAME SARFATI À L'APPAREIL. VOUS ME VOULEZ, LÀ ?
CLIK !
MOI, EN TOUT CAS, JE VOUS A-DO-RE !
JE VOUS REGARDE TOUS LES JOURS À LA RADIO !
DÉSOLÉ, CHÈRE MADAME CE N'EST QUE FABRICE ...
MAIS J'AI LES CLÉS DE LA VALISE RTL ...
AVEZ-VOUS LE MONTANT QUE NOUS RECHERCHONS ?
AH... C'EST PAS JEAN-PIERRE FOUCAULT ?
C'EST FABRICE ?
ET QU'EST-CE QUE VOUS ME VOULEZ À MOI, FABRICE ?
LE MONTANT DE...
COMBIEN Y'A DANS LA VALISE ?
MAIS COMMENT VOULEZ-VOUS QUE JE LE SAAACHHH ?

ET VOUS ? VOUS SAVEZ OÙ IL EST MON MARI ?
NON ?
EH BEN ALORS !
18:35
BON ALLEZ, VOUS ÊTES GENTIL, FABRICE
MAINTENANT VOUS ME PASSEZ JEAN-PIERRE FOUCAULT !..
ON VA ALERTER LES MÉDIAS
AH ? VOUS N'AVEZ PAS LE TEMPS ?
KLANG !
ET MOI ? J'AI LE TEMPS PEUT-ÊTRE ?
DRAAIIIINGG !
ALLÔÔÔ ? C'EST QUI ENCORE ?
LES POMPIERS ?
LES CUISINES HAMDOULLA ?
LES...
AH, C'EST TOI !!
OUIIII ??? LA GRÈVE DES TRAINS ?
QUELLE GRÈVE DES TRAINS ?

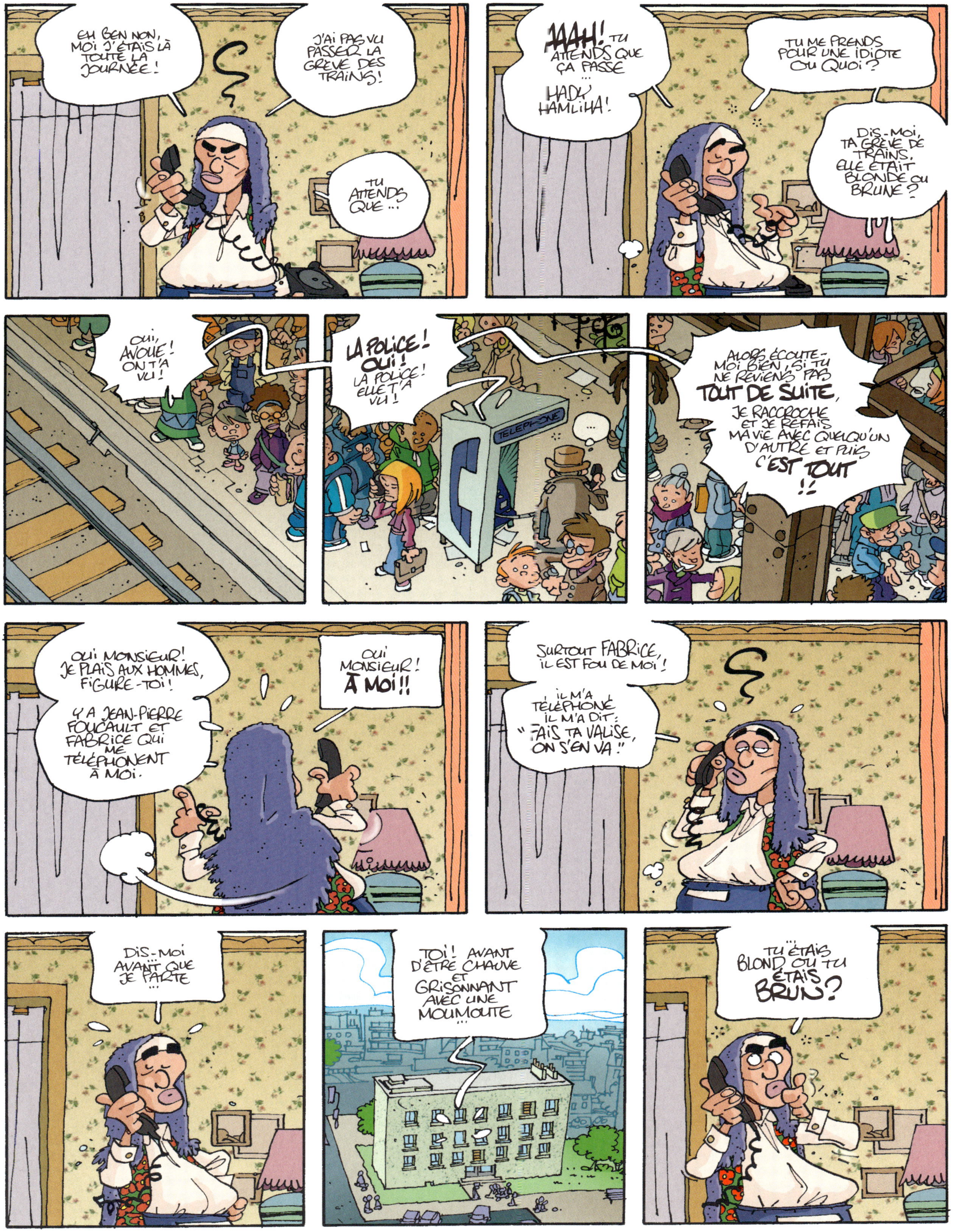
EH BEN NON, MOI J'ÉTAIS LÀ TOUTE LA JOURNÉE !
J'AI PAS VU PASSER LA GRÈVE DES TRAINS !
TU ATTENDS QUE...
AAAH ! TU ATTENDS QUE ÇA PASSE ... HADY HAMLIHA !
TU ME PRENDS POUR UNE IDIOTE OU QUOI ?
DIS-MOI, TA GRÈVE DE TRAINS, ELLE ÉTAIT BLONDE OU BRUNE ?
OUI, AVOUE ! ON T'A VU !
LA POLICE ! OUI ! LA POLICE ! ELLE T'A VU !
TÉLÉPHONE
...
ALORS ÉCOUTE-MOI BIEN, SI TU NE REVIENS PAS TOUT DE SUITE, JE RACCROCHE ET JE REFAIS MA VIE AVEC QUELQU'UN D'AUTRE ET PUIS C'EST TOUT !!
OUI MONSIEUR ! JE PLAIS AUX HOMMES, FIGURE-TOI !
Y A JEAN-PIERRE FOUCAULT ET FABRICE QUI ME TÉLÉPHONENT À MOI.
OUI MONSIEUR ! À MOI !!
SURTOUT FABRICE, IL EST FOU DE MOI !
IL M'A TÉLÉPHONÉ IL M'A DIT : "FAIS TA VALISE, ON S'EN VA !"
DIS-MOI AVANT QUE JE PARTE ...
TOI ! AVANT D'ÊTRE CHAUVE ET GRISONNANT AVEC UNE MOUMOUTE ...
... TU ÉTAIS BLOND OU TU ÉTAIS BRUN ?

INSOMNIE

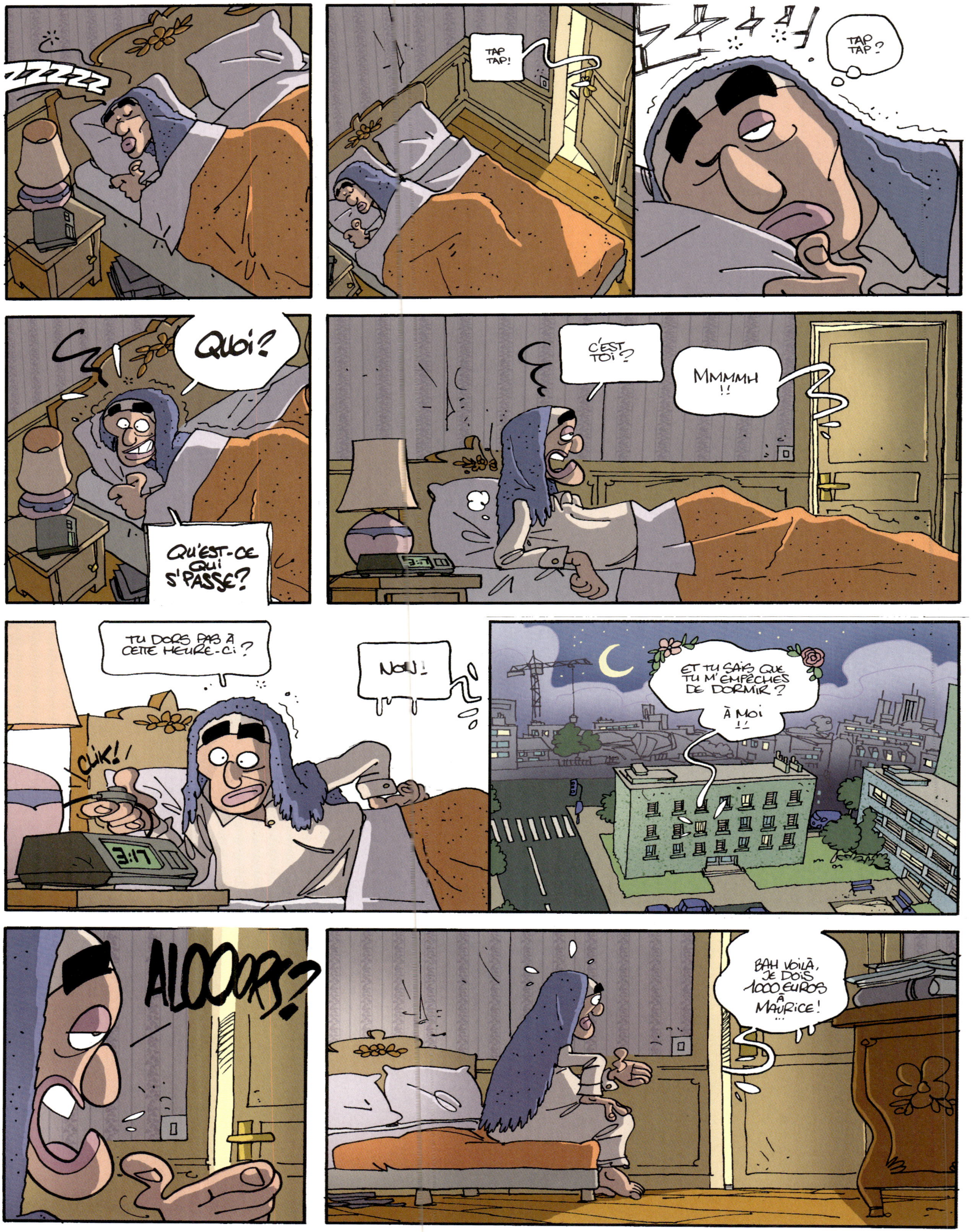
ZZZZZZ
TAP TAP!
TAP TAP?
QUOI?
QU'EST-CE QUI S'PASSE?
C'EST TOI?
MMMMH !!
TU DORS PAS À CETTE HEURE-CI?
CLIK!
3:17
NON!
ET TU SAIS QUE TU M'EMPÊCHES DE DORMIR? À MOI !!
ALOOORS?
BAH VOILÀ, JE DOIS 1000 EUROS À MAURICE! ...

...ET JE DOIS LUI RENDRE DEMAIN !!
FL FLAP
ET C'EST POUR ÇA QUE TU M'EMPÊCHES DE DORMIR ?
C'EST QUE LES 1000 EUROS JE LES AI PAS !
JE NE VAIS PAS POUVOIR LUI RENDRE DEMAIN !
KRK !
DIS-MOI, TU PARLES DE MAURICE ?
LE MAURICE DE L'ALLÉE C ?
OUI
MAURIIIIICE !
MAURIIIIICE !
CLIK !
QUOIIII ?! POURQUOI TU M'APPELLES COMME ÇA LA NUIT ?
QUI EST MORT ?
JE VOULAIS JUSTE TE DIRE QUE MON MARI, LES 1000 EUROS, IL LES A PAS !
ET IL NE TE LES RENDRA PAS !
VOILÀ !!
MAINTENANT TOI TU DORS ET PAS LUI !
CLIK !

FORTUNÉE

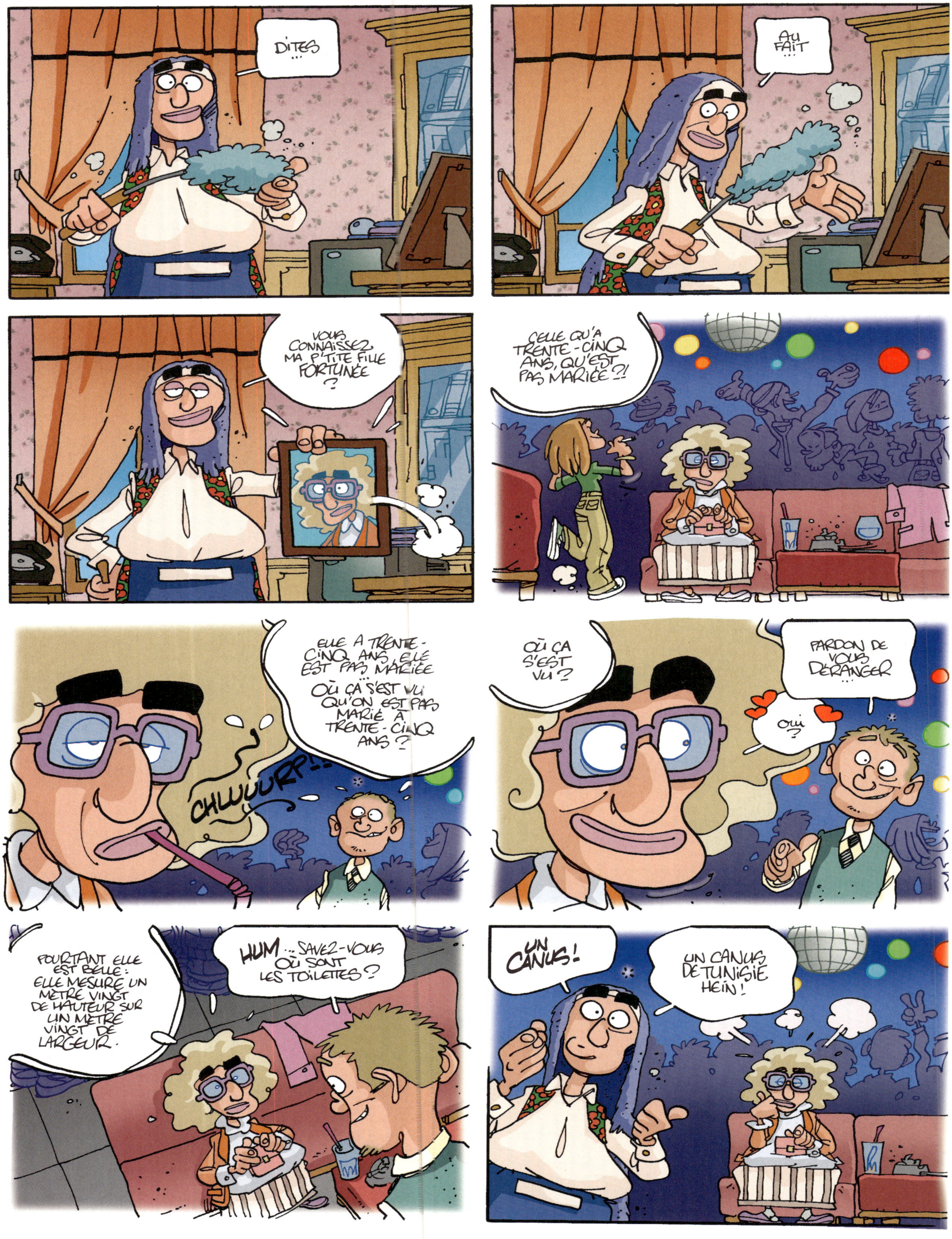

DITES ...
AU FAIT ...
VOUS CONNAISSEZ MA P'TITE FILLE FORTUNÉE ?
CELLE QU'A TRENTE-CINQ ANS, QU'EST PAS MARIÉE ?!
ELLE A TRENTE-CINQ ANS, ELLE EST PAS MARIÉE ... OÙ ÇA S'EST VU QU'ON EST PAS MARIÉ À TRENTE-CINQ ANS ?
CHLUUURP!..
OÙ ÇA S'EST VU ?
PARDON DE VOUS DÉRANGER ...
OUI ?
POURTANT ELLE EST BELLE : ELLE MESURE UN MÈTRE VINGT DE HAUTEUR SUR UN MÈTRE VINGT DE LARGEUR.
HUM ... SAVEZ-VOUS OÙ SONT LES TOILETTES ?
UN CANUS !
UN CANUS DE TUNISIE HEIN !

LE KIBBOUTZ

LE KIBBOUTZ ? TU CONNAIS PAS LE KIBBOUTZ ? C'EST DES GENS QUI VIVENT EN COMMUNAUTÉ LES UNS SUR LES AUTRES !
TIENS, MA FILLE, JE TE PRÉSENTE M. LE DIRECTEUR DU KIBBOUTZ.
MONSIEUR LE DIRECTEUR, C'EST MA FILLE ... FORTUNÉE
VOILÀ, FORTUNÉE, ELLE EST D'ACCORD POUR PARTIR.
HEIN, FORTUNÉE ? T'ES D'ACCORD ?
VOUS AVEZ RAISON DE L'ENVOYER. ELLE VA TRAVAILLER UN PEU, ELLE VA S'AMUSER BEAUCOUP
ET SI DIEU LE VEUT ON LA MARIE LÀ-BAS.
ET POURQUOI VOUS ÊTES PAS VENUS LA CHERCHER AVANT ?
BON, ON FAIT COMMENT MAINTENANT ?
500 000 ? C'EST 500 000 ?
SHEKALIM ... 500 000 ANCIENS SHEKALIM ... CE QUI EN NOUVEAUX SHEKALIM NOUS FAIT...
KHARCHEKEUM SMALA !
ENCORE HEUREUX QUE C'EST PAS DES DOLLARS ET ENCORE MOINS DES EUROS ... 500 000 ? POUR ALLER TRAVAILLER DANS UN KIBBOUTZ ?
EH, C'EST LES TARIFS AÉRIENS.
AH, C'EST LES TARIFS AÉRIENS, EH BEN, VOUS L'INSCRIVEZ.
ON FAIT LA CEINTURE, ON L'ENVOIE
SKRITCH
On a fait la ceinture et on l'a envoyée

Elle pourra pas dire qu'elle a pas eu de chance !
La chance de sa vie elle a eue…
LE PREMIER JOUR DE FORTUNÉE AU KIBBOUTZ…
SUITE NUPTIALE DANS LA TROISIÈME RUE À GAUCHE, DEUXIÈME PORTE À DROITE.
NOM, PRÉNOM, ÂGE, ADRESSE, PROFESSION DES PARENTS…
MON NOM EST KATIA ROSENBLUM J'HABITE À…
KATIA ROSENBLUM ? VOUS ÊTES POLONAISE ?
MAIS COMMENT…? OUI, JE SUIS POLONAISE
ÇA TOMBE SUPER BIEN. ON CHERCHAIT JUSTEMENT QUELQU'UN QUI PARLE POLONAIS POUR TRAVAILLER DANS LES BUREAUX
C'EST TRÈS BIEN. VOUS ALLEZ TRAVAILLER DANS LES BUREAUX.
C'EST-À-DIRE QUE JE SAIS PAS… JE N'AI JAMAIS…
C'EST DUR ?
VOUS VOUS LEVEZ À L'HEURE QUE VOUS VOULEZ, VOUS FAITES CE QUE VOUS VOULEZ ET VOUS PARTEZ QUAND VOUS VOULEZ
Elle a dit d'accord. Elle a pris la place, elle est partie. "Kaltra".
SMAK !

T'AS ENCORE DES COUCHAGES TOI ? PARCE QUE MOI...
ZZZ
EH! TOI LÀ BAS! VIENS ICI TOUT DE SUITE !!
CHKOUN ENE?
OUI TOI, LA FRISÉE, LA FOILUE, LA MATE DE PEAU, LA DODUE ...
VIENS ICI TOUT DE SUITE AVANT QU'ON TE DONNE UNE "TREKHA"
VOILÀ, JE SUIS LÀ
QU'EST-CE QUE VOUS M'VOUL VOUL?
COMMENT TU T'APPELLES ?
IIIK
MOI, J'M'APPELLE FORTUNÉE SARFATI
FORTUNÉE SARFATI, TON COMPTE EST BON

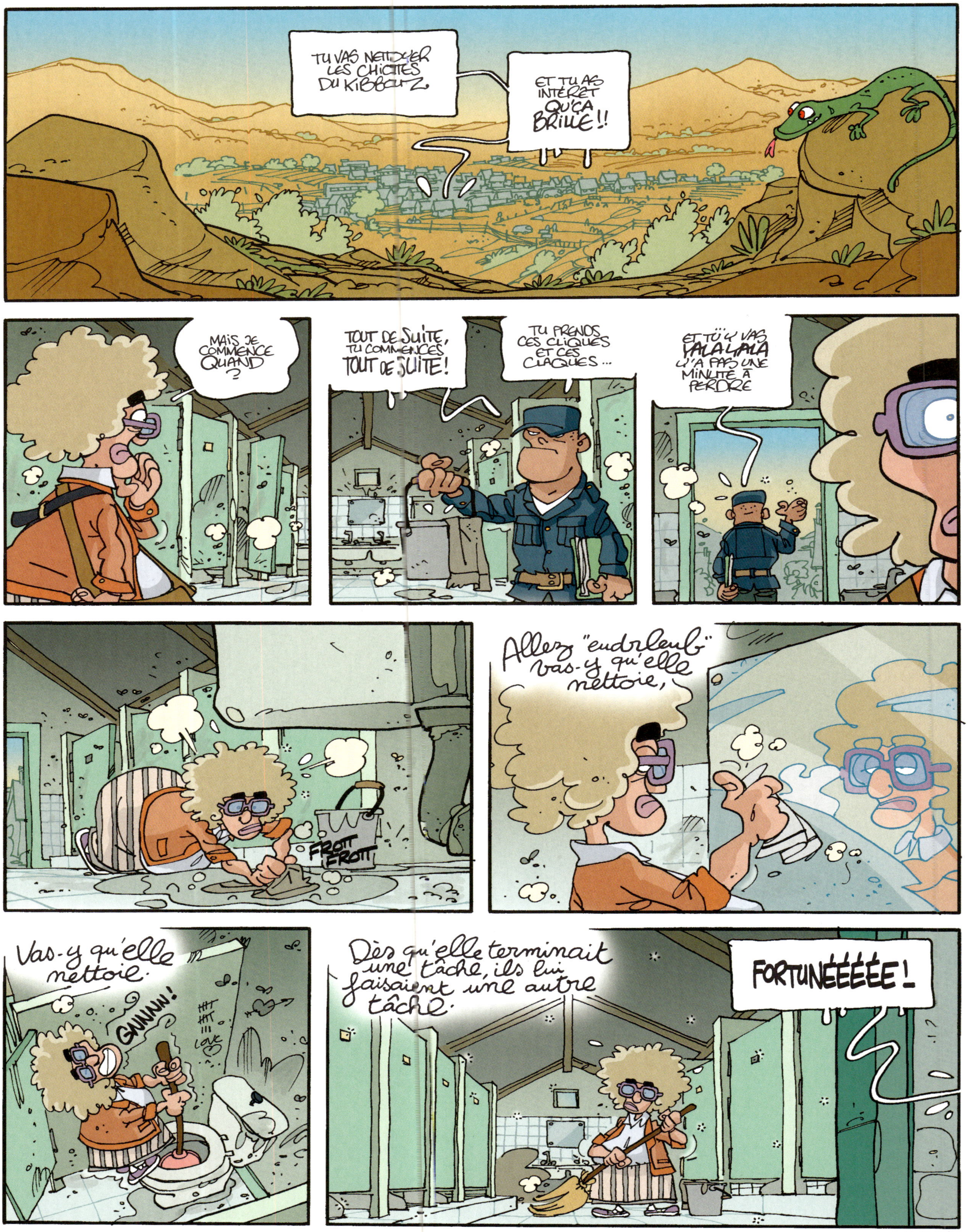
TU VAS NETTOYER LES CHIOTTES DU KIBBOUTZ.
ET TU AS INTÉRÊT QU'ÇA BRILLE !!
MAIS JE COMMENCE QUAND ?
TOUT DE SUITE, TU COMMENCES TOUT DE SUITE !
TU PRENDS CES CLIQUES ET CES CLAQUES...
ET TÜ Y VAS YALALLALA Y'A PAS UNE MINUTE À PERDRE
FROTT FROTT
Allez "eudrleub" vas-y qu'elle nettoie,
Vas-y qu'elle nettoie.
GNNNN!
LOVE
Dès qu'elle terminait une tâche, ils lui faisaient une autre tâche.
FORTUNÉÉÉÉE !

FORTUNÉÉÉÉE!
BON, DÉPÊCHE-TOI, ON T'ATTEND À CÔTÉ
AH... FORTUNÉE TU ES LÀ!
CÔT?!
FORTUNÉÉÉÉE!
FORTUNÉE!
FORTUNÉÉE?!
FORTUNÉÉE!!
FORTUNÉE!
FORTUNÉÉÉÉE!!
FORTUNÉE!
Une fois, elle a voulu se révolter...
BÊP BÊP BÊP
5:00
Oui, elle a voulu se révolter
BÊP B
5:01
JE CROIS QUE JE N'AI PAS BIEN ENTENDU LÀ...
5:02
JE SUIS FATIGUÉE
On lui a donné une "trekha" comme jamais elle a reçu de sa vie
AH, TU ES FATIGUÉE?!
TREKHA TREKHA!

Ils la faisaient travailler 72 heures par jour.
Oui, 72 heures par jour !
Et la nuit elle voulait se reposer… même les moustiques ils avaient pas pitié d'elle.
Ils l'ont pompée jusqu'à la moelle.
C'est bien simple, le jour où je suis allée la chercher à l'aéroport…
ARRI
"BABASIDI" TOUT LE MONDE EST DESCENDU ET MA FILLE FORTUNÉE ELLE EST OÙ ?
OÙ ?!
ELLE EST SUR LES LISTES, ELLE EST SUR LES LISTES, C'EST UNE RÉPONSE, ÇA ?!
"BOUALIA" ILS ONT DÛ L'OUBLIER LÀ BAS, OUI !
PARDON, MADEMOISELLE, VOUS ÉTIEZ PAS DANS L'AVION AVEC MA PETITE FILLE FORTUNÉE SARFATI ?
?!

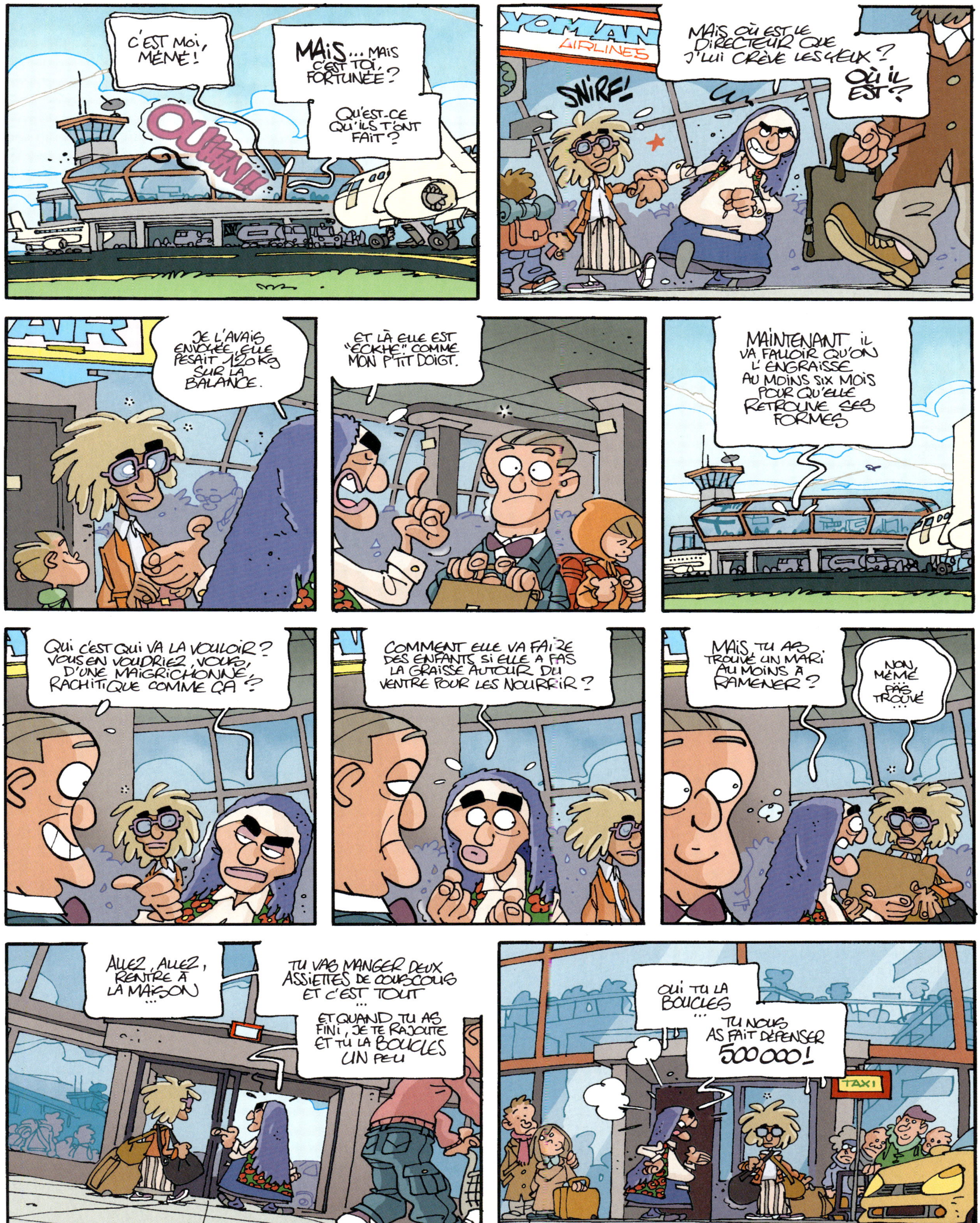
C'EST MOi, MÉMÉ !
MAiS... MAiS C'EST TOi, FORTUNÉE ?
QU'EST-CE QU'ILS T'ONT FAIT ?
YOMLAN AIRLINES
SNIRF !
MAiS OÙ EST LE DIRECTEUR QUE J'LUI CRÈVE LES YEUX ?
OÙ IL EST ?
JE L'AVAIS ENVOYÉE, ELLE PESAIT 120 kg SUR LA BALANCE.
ET LÀ ELLE EST "ECKHE" COMME MON P'TIT DOIGT.
MAINTENANT IL VA FALLOIR QU'ON L'ENGRAISSE AU MOINS SIX MOIS POUR QU'ELLE RETROUVE SES FORMES
QUI C'EST QUI VA LA VOULOIR ? VOUS EN VOUDRIEZ, VOUS, D'UNE MAIGRICHONNE RACHITIQUE COMME ÇA ?
COMMENT ELLE VA FAIRE DES ENFANTS SI ELLE A PAS LA GRAISSE AUTOUR DU VENTRE POUR LES NOURRIR ?
MAIS TU AS TROUVÉ UN MARI AU MOINS À RAMENER ?
NON, MÊME PAS TROUVÉ...
ALLEZ, ALLEZ, RENTRE À LA MAISON...
TU VAS MANGER DEUX ASSIETTES DE COUSCOUS ET C'EST TOUT...
ET QUAND TU AS FINI, JE TE RAJOUTE ET TU LA BOUCLES UN PEU
OUI TU LA BOUCLES...
TU NOUS AS FAIT DÉPENSER 500 000 !
TAXI

LE BAL DES CÉLIBATAIRES

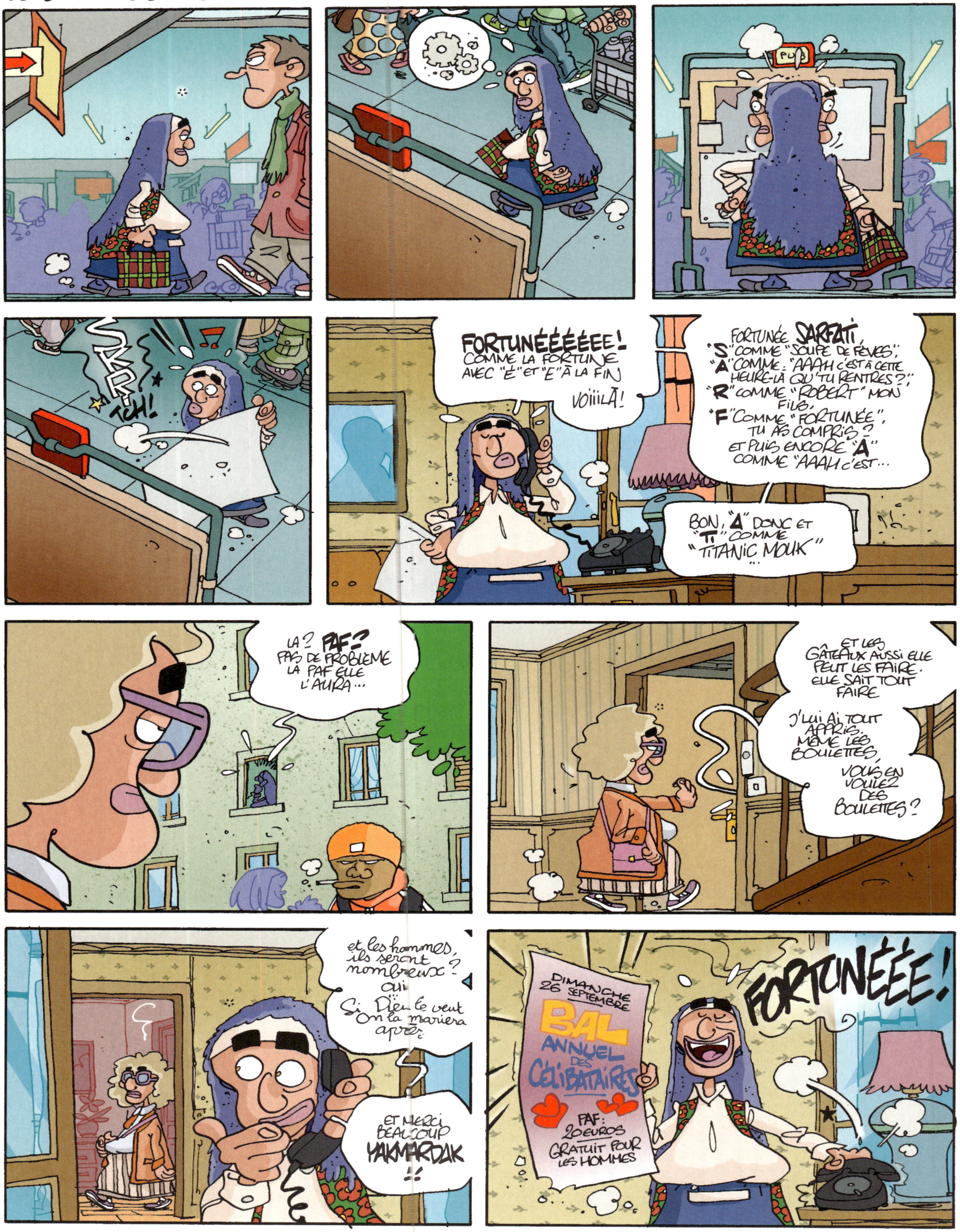

LE DIMANCHE SUIVANT...
JE TE METS TON TABLIER BIEN REPASSÉ ...
UN KILO DE FARINE, UN KILO DE SUCRE ... ET...
ET ÇA C'EST POUR LE PAF... LE P.A.F. ...
T'OUBLIERAS PAS, HEIN ?
ALLEZ VA, VAS-Y MAINTENANT.
Y A PAS UNE MINUTE À PERDRE
BAL des Célibataires
FORTUNÉE ? FORTUNÉE SARFATI ?
OUI... C'EST MOI
LALALA FORTUNÉE "ARCHOUMA" RENTRE PAR LA CUISINE
ET... ET LE PAF ?
T'INQUIÈTE POUR LE PAF... MESDAMES, JE VOUS PRÉSENTE FORTUNÉE.
FORTUNÉE SARFATI !
ALLEZ, FORTUNÉE, À TOI DE JOUER, À TOI DE JOUER !

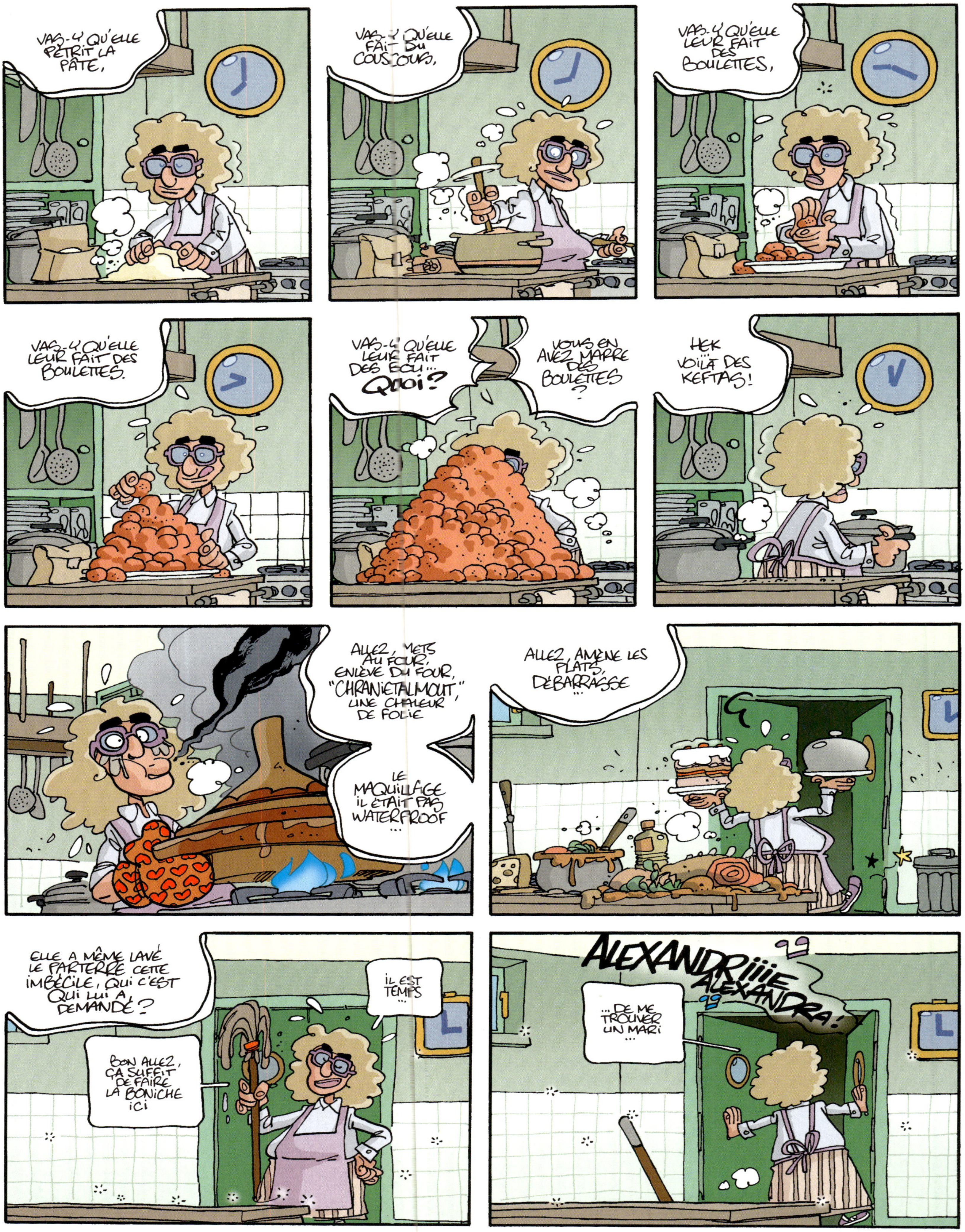
VAS-Y QU'ELLE PÉTRIT LA PÂTE,
VAS-Y QU'ELLE FAIT DU COUSCOUS,
VAS-Y QU'ELLE LEUR FAIT DES BOULETTES,
VAS-Y QU'ELLE LEUR FAIT DES BOULETTES.
VAS-Y QU'ELLE LEUR FAIT DES BOU... QUOI?
VOUS EN AVEZ MARRE DES BOULETTES ?
HEK VOILÀ DES KEFTAS!
ALLEZ, METS AU FOUR, ENLÈVE DU FOUR, "CHRANIETALMOUT," UNE CHALEUR DE FOLIE
LE MAQUILLAGE IL ÉTAIT PAS WATERPROOF ...
ALLEZ, AMÈNE LES PLATS, DÉBARRASSE ...
ELLE A MÊME LAVÉ LE PARTERRE CETTE IMBÉCILE, QUI C'EST QUI LUI A DEMANDÉ ?
BON ALLEZ, ÇA SUFFIT DE FAIRE LA BONICHE ICI
IL EST TEMPS ...
ALEXANDRIIIIE ALEXANDRA!
... DE ME TROUVER UN MARI ...

ILS SE SONT TOUS MARIÉS ENTRE EUX, ILS L'ONT LAISSÉE SEULE COMME UNE CHIENNE ENTRE QUATRE MURS.
CRIK CRAK
4:05
CLIK
4:05
QUATRE HEURES, ELLE A DÛ TROUVER
FORTUNÉE, VIENS, FORTUNÉE T'AS TROUVÉ UN MARI OU... ?
BOUUUHHH...
SNIRF
C'EST PAS GRAVE, C'EST PAS GRAVE, ON VA TE TROUVER UN MARI, ON VA TE TROUVER ...
CHNIRF !!
NE PLEURE PAS, NE PLEURE PAS, TU VAS T'ABÎMER LES YEUX
NE PLEURE PAS, TU VAS T'ABÎMER ...
BOUHOUHOU OUiiiiiNN !!
TIENS ! PLEURE POUR QUELQUE CHOSE !
BAF !

TU DIS OUI !

FORTUNÉÉÉE !!
FORTUNÉE !
FORTUNÉE VIENS ICI ! QU'EST-CE QUE TU CACHES DERRIÈRE TON DOS ?
QU'EST-CE QUE TU CACHES DERRIÈRE TON DOS ?
J'T'AI VUE !
DES TALONS AIGUILLES ?
QU'EST-CE QUE TU FOUS AVEC DES TALONS AIGUILLES DANS LE DOS ?
EN BOÎTE ? AH, TU VAS EN BOÎTE ?
MAIS FALLAIT ME DIRE, J'VAIS ME PRÉPARER !
J'VAIS T'ACCOMPAGNER, TU VAS PAS ALLER SEULE !
AH ? ON VIENT TE CHERCHER ?!

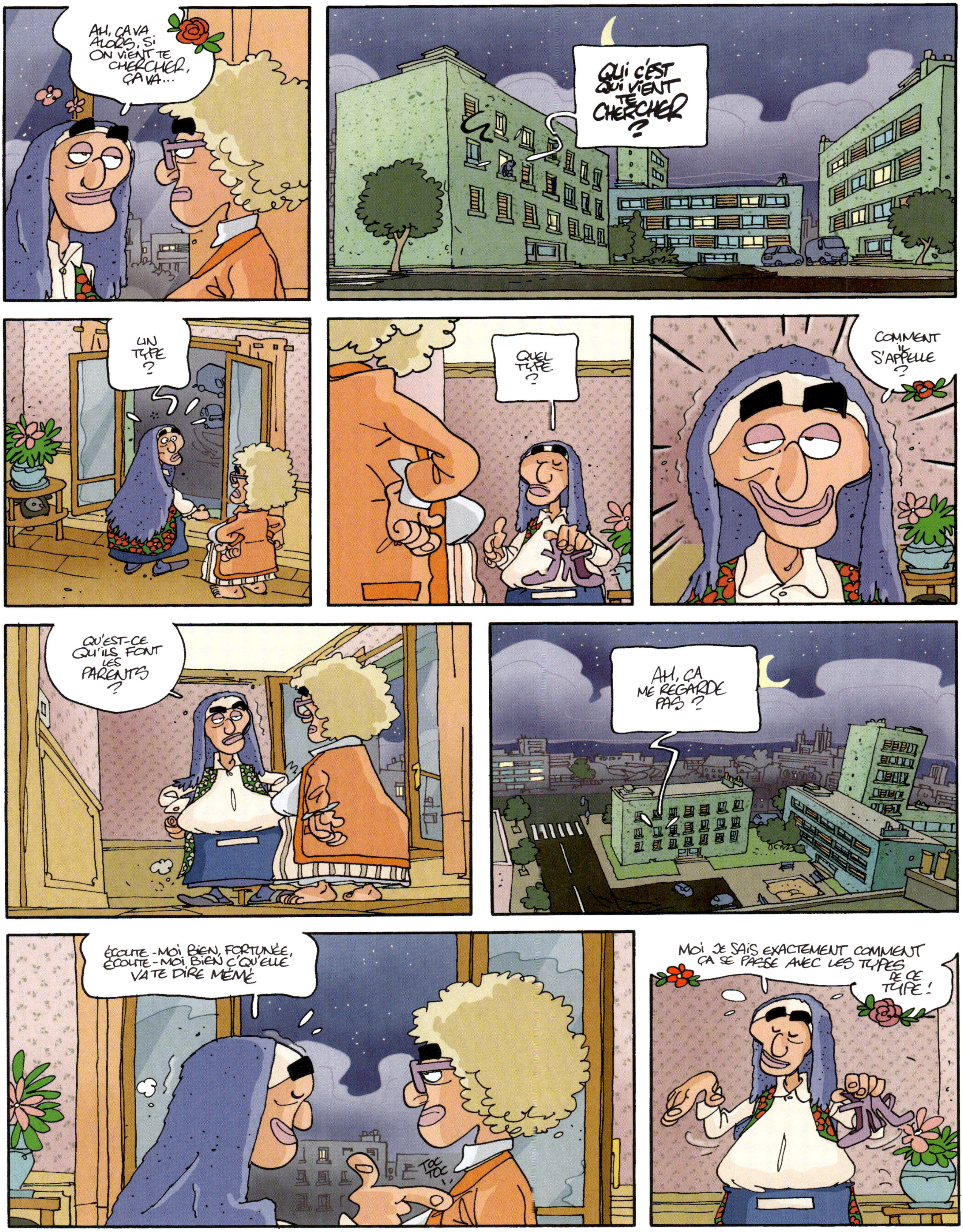
AH, ÇA VA ALORS, SI ON VIENT TE CHERCHER, ÇA VA...
QUI C'EST QUI VIENT TE CHERCHER ?
UN TYPE ?
QUEL TYPE ?
COMMENT IL S'APPELLE ?
QU'EST-CE QU'ILS FONT LES PARENTS ?
AH, ÇA ME REGARDE PAS ?
ÉCOUTE-MOI BIEN, FORTUNÉE, ÉCOUTE-MOI BIEN C'QU'ELLE VA TE DIRE MÉMÉ
TOC TOC
MOI JE SAIS EXACTEMENT COMMENT ÇA SE PASSE AVEC LES TYPES DE CE TYPE !

LE TYPE, IL VA VENIR TE CHERCHER POUR T'EMMENER À LA BOÎTE...
EH BEN, TU DIS OUI.
IL VIENT TE CHERCHER, IL T'AMÈNE À LA BOÎTE. UNE FOIS DANS LA BOÎTE, IL VA EUH... IL VA VOULOIR TE PAYER UN VERRE
CLAK !
IL VEUT TE PAYER UN VERRE, IL VEUT TE PAYER UN VERRE ...
EH BEN, TU DIS OUI.
TU BOIS UN VERRE, TU DISCUTES TU VOIS.
SLLLLRP !
MAIS C'EST PAS TERMINÉ, APRÈS IL VA VOULOIR T'INVITER À DANSER
S'IL VEUT T'INVITER À DANSER ... EH BEN, TU DIS OUI.
TU VAS, TU DANSES, TU T'ÉCLATES UN PEU ALLEZ
MAIS C'EST PAS TERMINÉ !

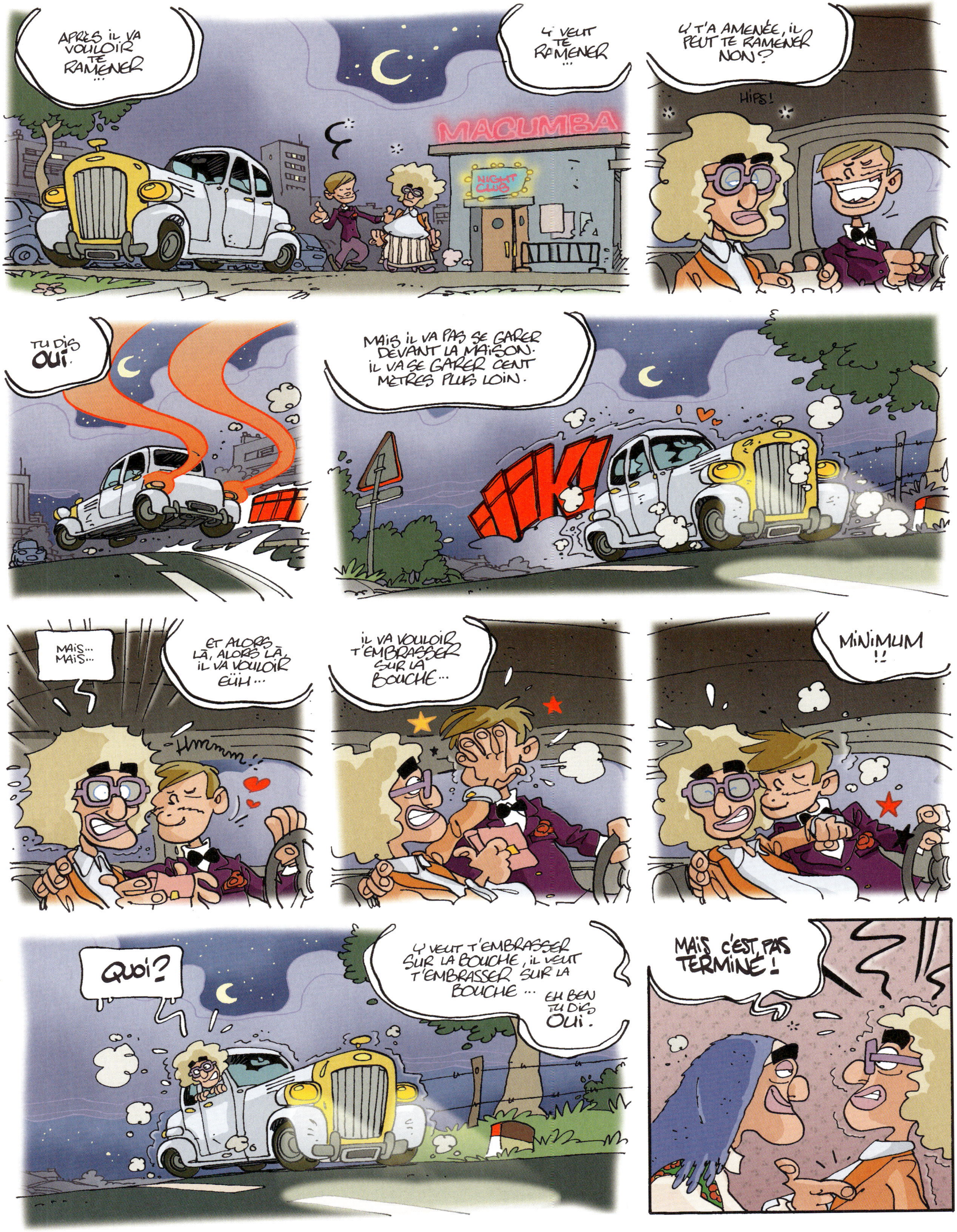
APRÈS IL VA VOULOIR TE RAMENER…
MACUMBA
NIGHT CLUB
Y VEUT TE RAMENER…
Y T'A AMENÉE, IL PEUT TE RAMENER NON ?
HIPS !
TU DIS OUI.
MAIS IL VA PAS SE GARER DEVANT LA MAISON. IL VA SE GARER CENT MÈTRES PLUS LOIN.
IIIK !
MAIS… MAIS…
ET ALORS LÀ, ALORS LÀ, IL VA VOULOIR EÜH…
Hmmm…
IL VA VOULOIR T'EMBRASSER SUR LA BOUCHE…
MINIMUM !!
QUOI ?
Y VEUT T'EMBRASSER SUR LA BOUCHE, IL VEUT T'EMBRASSER SUR LA BOUCHE…
EH BEN TU DIS OUI.
MAIS C'EST PAS TERMINÉ !

APRÈS IL VA VOULOIR EUH...
IL VA VOULOIR... Y VA VOULOIR TE TOUCHER LA POITRINE
EH OUI C'EST COMME ÇA, EH BEN OUI, C'EST COMME ÇA. QU'EST-CE QUE TU VEUX QU'J'Y FASSE?
Y VEUT TE TOUCHER LA POITRINE, Y VEUT TE TOUCHER LA POITRINE... EH BEN TU DIS OUI.
GRRR!
MAIS PAS TROP QUAND MÊME, JUSTE UN PEU AVEC LE BOUT DES DOIGTS...
PAS PLUS! PARCE QUE LES FRUITS, UNE FOIS QU'TOUT LE MONDE LES A TOUCHÉS, PLUS PERSONNE VEUT LES ACHETER
OUI C'EST VRAI OUI, MAIS C'EST PAS TERMINÉ!
?!
APRÈS IL VA VOULOIR... EUH...
JE SAIS PAS COMMENT TE DIRE ÇA MA FILLE... IL VA VOULOIR... EH OUI IL VA VOULOIR TE MONTER DESSUS!!

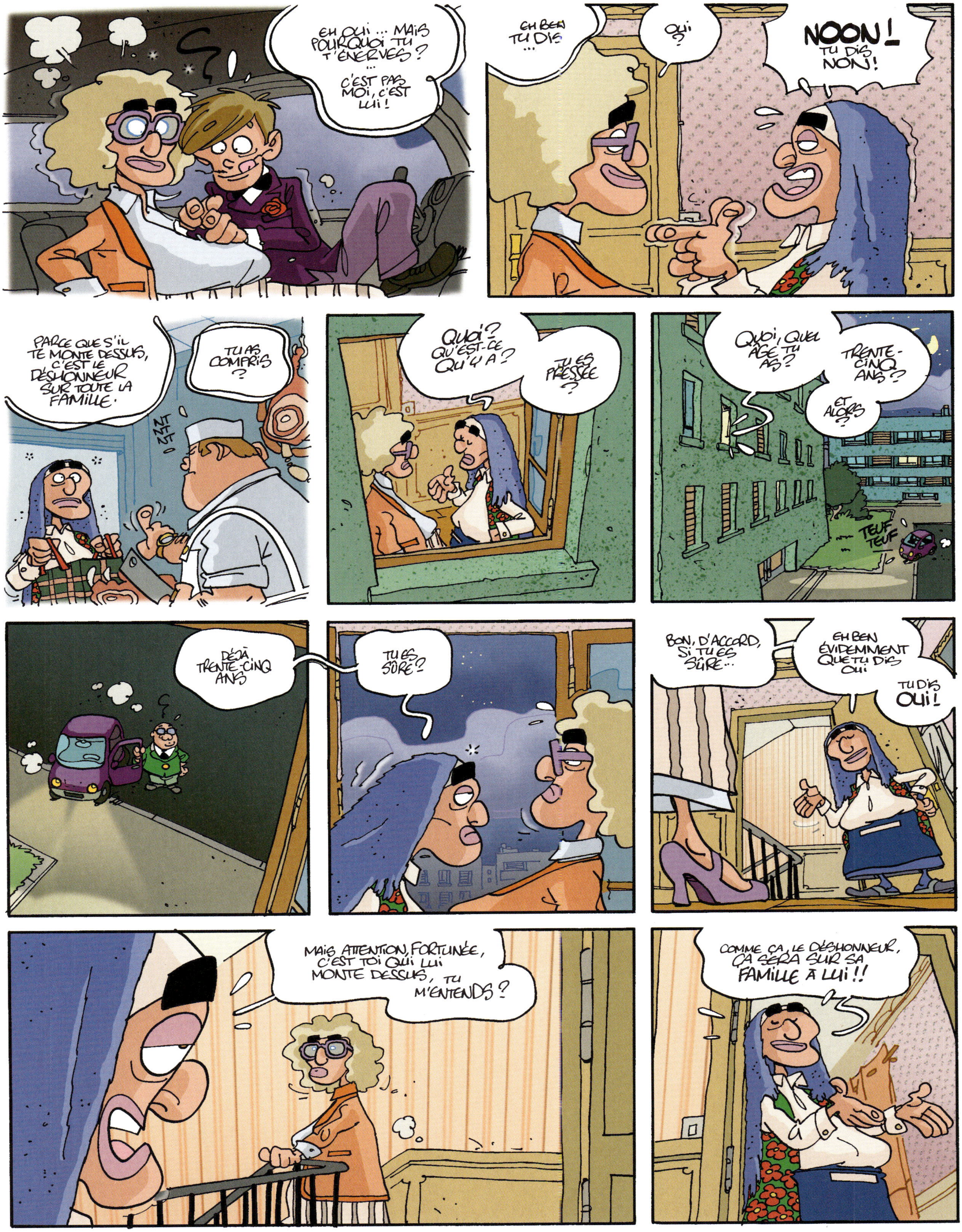
EH OUI ... MAIS POURQUOI TU T'ÉNERVES ? ... C'EST PAS MOI, C'EST LUI !
EH BEN TU DIS ...
OUI ?
NOON ! TU DIS NON !
PARCE QUE S'IL TE MONTE DESSUS, C'EST LE DÉSHONNEUR SUR TOUTE LA FAMILLE.
TU AS COMPRIS ?
NT NT NT
QUOI ? QU'EST-CE QU'IL Y A ?
TU ES PRESSÉE ?
QUOI, QUEL ÂGE TU AS ?
TRENTE-CINQ ANS ?
ET ALORS ?
TEUF TEUF
DÉJÀ TRENTE-CINQ ANS
TU ES SÛRE ?
BON, D'ACCORD, SI TU ES SÛRE...
EH BEN ÉVIDEMMENT QUE TU DIS OUI
TU DIS OUI !
MAIS ATTENTION, FORTUNÉE, C'EST TOI QUI LUI MONTE DESSUS, TU M'ENTENDS ?
COMME ÇA, LE DÉSHONNEUR, ÇA SERA SUR SA FAMILLE À LUI !!

INTERLUDE

LE PARFUM

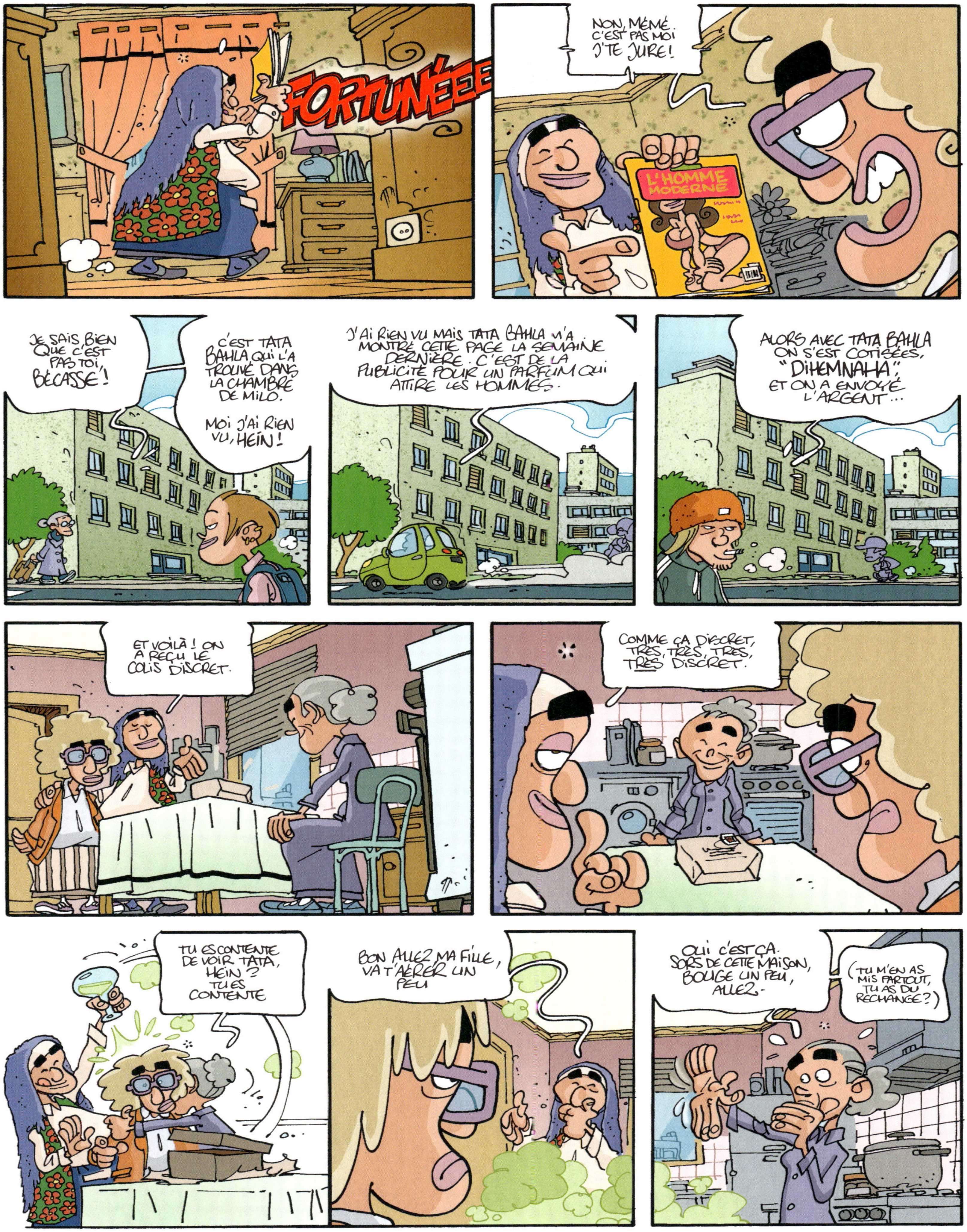
FORTUNÉEEE
NON, MÉMÉ. C'EST PAS MOI J'TE JURE!
L'HOMME MODERNE
JE SAIS BIEN QUE C'EST PAS TOI, BÉCASSE !
C'EST TATA BAHLA QUI L'A TROUVÉ DANS LA CHAMBRE DE MILO.
MOI J'AI RIEN VU, HEIN !
J'AI RIEN VU MAIS TATA BAHLA M'A MONTRÉ CETTE PAGE LA SEMAINE DERNIÈRE. C'EST DE LA PUBLICITÉ POUR UN PARFUM QUI ATTIRE LES HOMMES.
ALORS AVEC TATA BAHLA ON S'EST COTISÉES, "DIHEMNAHA", ET ON A ENVOYÉ L'ARGENT...
ET VOILÀ ! ON A REÇU LE COLIS DISCRET.
COMME ÇA DISCRET, TRÈS, TRÈS, TRÈS, TRÈS DISCRET.
TU ES CONTENTE DE VOIR TATA, HEIN ? TU ES CONTENTE
BON ALLEZ MA FILLE, VA T'AÉRER UN PEU
OUI C'EST ÇA. SORS DE CETTE MAISON, BOUGE UN PEU, ALLEZ.
(TU M'EN AS MIS PARTOUT, TU AS DU RECHANGE ?)

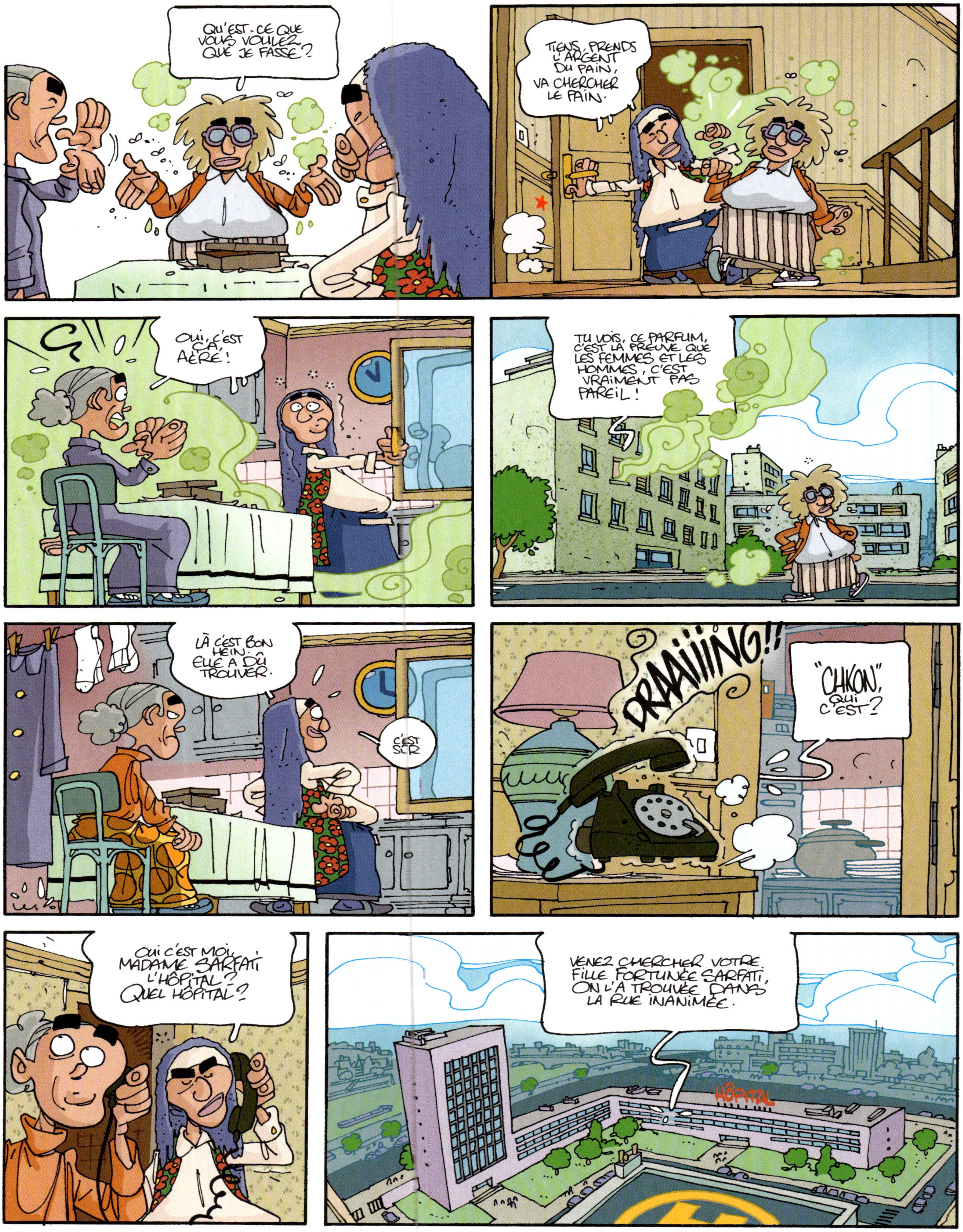
QU'EST-CE QUE VOUS VOULEZ QUE JE FASSE ?
TIENS, PRENDS L'ARGENT DU PAIN, VA CHERCHER LE PAIN.
OUI, C'EST ÇA, AÉRE !
TU VOIS, CE PARFUM, C'EST LA PREUVE QUE LES FEMMES ET LES HOMMES, C'EST VRAIMENT PAS PAREIL !
LÀ C'EST BON HEIN. ELLE A DÛ TROUVER.
C'EST SÛR
DRAAIIING !!
"CHKON", QUI C'EST ?
OUI C'EST MOI, MADAME SARFATI L'HÔPITAL ? QUEL HÔPITAL ?
VENEZ CHERCHER VOTRE FILLE FORTUNÉE SARFATI, ON L'A TROUVÉE DANS LA RUE INANIMÉE.
HÔPITAL

URGENCE! HÔPITAL!
TAXI
À L'HÔPITAL, VITE! LA VIE DE MA PETITE FILLE FORTUNÉE EN DÉPEND.
FORTUNÉE. OUI COMME FORTUNE AVEC É ET E. SARFATI
ALORS "S" COMME... SERINGUE, "A" COMME... DONNEZ-MOI VOTRE BLOC JE VAIS VOUS L'ÉCRIRE!!
AAAH, FORTUNÉE MAIS QU'EST-CE QUI T'EST ARRIVÉ QUE TU NOUS FAIS DÉPLACER?
ET QU'EST-CE QUE TU FOUS AVEC UN TUYAU DANS LE NEZ?
TU TE DROGUES?
Ah, mémé, c'est toi... je sais pas ce qui m'est arrivé... je suis sortie dans la rue...
SNIF SNIF!
Je me suis fait attaquer par une meute de chiens...
Je ne sais pas ce qu'ils me voulaient...
TU VOIS? MÊME LE PARFUM, IL N'A PAS VOULU D'ELLE.

MONSIEUR LEGROS

"ACHEKOUMSMOULA", EXCUSEZ LE DÉSORDRE, ENTREZ DONC...
ET... QUE ME VAUT LE PLAISIR DE VOT' VENUE ?
EH BEN, JE VOUDRAIS ME MARIER AVEC LA MAIN DE VOTRE FILLE FORTUNÉE SARFATI.
MAIS BIEN SÛR, C'EST OUI ! COMMENT VA S'APPELER MA PETITE FILLE MAINTENANT ?
FORTUNÉE COMMENT ?
LÉVY ? BENKEMOUN ? COHEN ? DARMON ? JOURNO ?
MON NOM EST LEGROS JACQUES LEGROS
JACQUES LEGROS ?
EH... VOUS N'ÊTES PAS DE TUNISIE, VOUS ?
EUH... NON, JE NE SUIS PAS DE TUNISIE.
ALORS, VOUS ÊTES D'ALGÉRIE HEIN ?
C'EST ÇA ?
HUM... NON, JE SUIS DU PAS-DE-CALAIS
PAS-DE-CALAIS ?
"OUALIÉ" ÇA DOIT ÊTRE UN MAROCAIN.
VOUS ÊTES DU MAROC AU MOINS ?

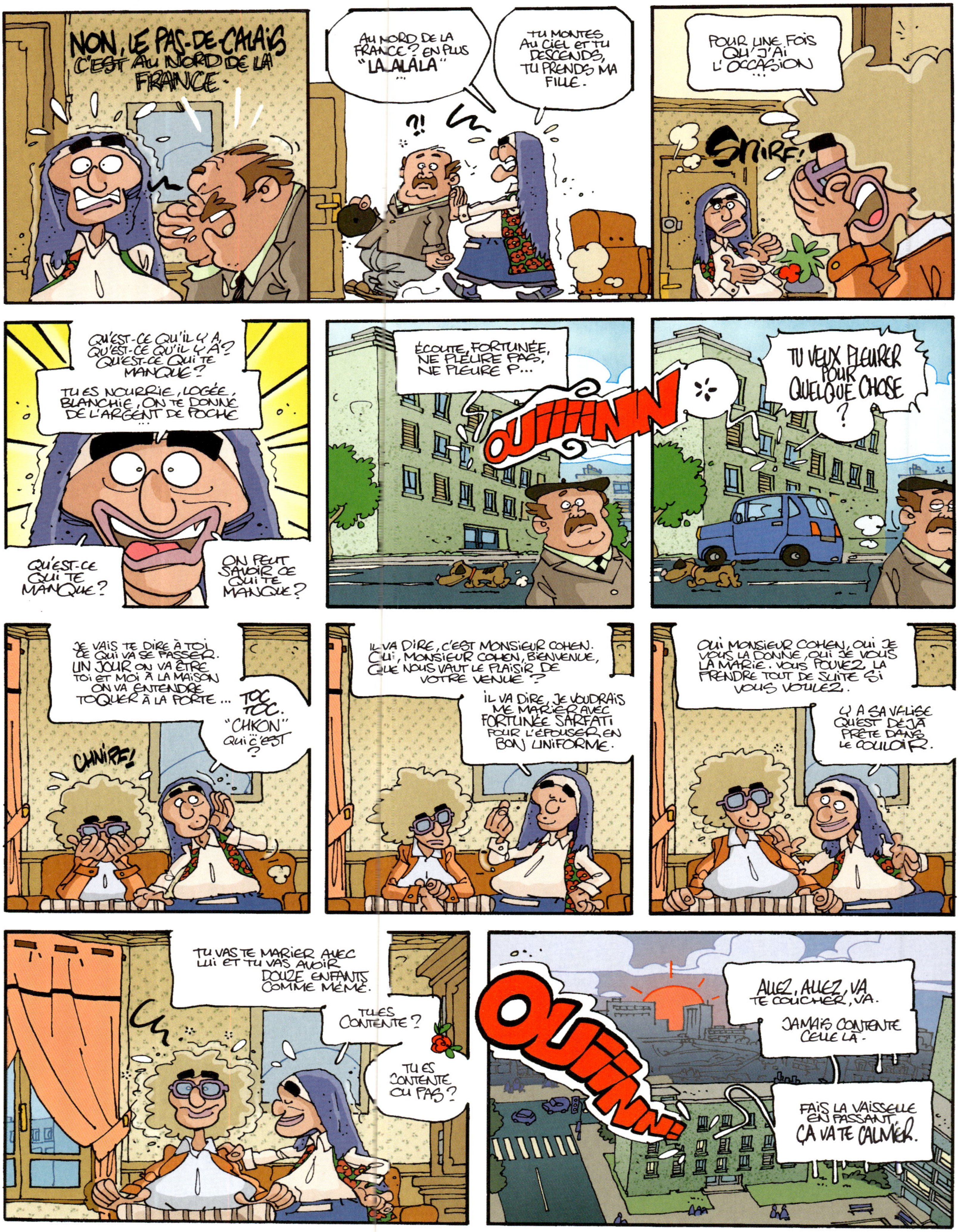
NON, LE PAS-DE-CALAIS C'EST AU NORD DE LA FRANCE.
AU NORD DE LA FRANCE ? EN PLUS "LA LA LA LA"...
TU MONTES AU CIEL ET TU DESCENDS, TU PRENDS MA FILLE.
?!
POUR UNE FOIS QU'J'AI L'OCCASION...
SNIRF !
QU'EST-CE QU'IL Y A, QU'EST-CE QU'IL Y A ? QU'EST-CE QUI TE MANQUE ?
TU ES NOURRIE, LOGÉE, BLANCHIE, ON TE DONNE DE L'ARGENT DE POCHE...
QU'EST-CE QUI TE MANQUE ?
ON PEUT SAVOIR CE QUI TE MANQUE ?
ÉCOUTE, FORTUNÉE, NE PLEURE PAS, NE PLEURE P...
OUIIIIINNN
TU VEUX PLEURER POUR QUELQUE CHOSE ?
JE VAIS TE DIRE À TOI CE QUI VA SE PASSER. UN JOUR ON VA ÊTRE TOI ET MOI À LA MAISON ON VA ENTENDRE TOQUER À LA PORTE...
TOC TOC. "CHKON" QUI C'EST ?
CHNIRF !
IL VA DIRE, C'EST MONSIEUR COHEN. OUI, MONSIEUR COHEN, BIENVENUE, QUE NOUS VAUT LE PLAISIR DE VOTRE VENUE ?
IL VA DIRE, JE VOUDRAIS ME MARIER AVEC FORTUNÉE SARFATI POUR L'ÉPOUSER EN BON UNIFORME.
OUI MONSIEUR COHEN, OUI JE VOUS LA DONNE, OUI JE VOUS LA MARIE. VOUS POUVEZ LA PRENDRE TOUT DE SUITE SI VOUS VOULEZ.
Y A SA VALISE QU'EST DÉJÀ PRÊTE DANS LE COULOIR.
TU VAS TE MARIER AVEC LUI ET TU VAS AVOIR DOUZE ENFANTS COMME MÉMÉ.
TU ES CONTENTE ?
TU ES CONTENTE OU PAS ?
OUIIINN !
ALLEZ, ALLEZ, VA TE COUCHER, VA.
JAMAIS CONTENTE CELLE LÀ.
FAIS LA VAISSELLE EN PASSANT, ÇA VA TE CALMER.

Impression : Pollina en septembre 2006
SEFAM
22 rue Huyghens. 75014 Paris
N° d'édition : 24719
N° d'impression : L41262
Dépôt légal : octobre 2006
ISBN : 2-226-17153-3
Imprimé en France